AF339911

PARIS IMPRENABLE

Avec une Carte explicative

RÉORGANISATION

DES

ARMÉES DE TERRE ET DE MER

PAR

H. ANDRÉ

TROISIÈME ÉDITION
Revue, Corrigée et augmentée

PRIX : 1 Franc

PARIS

AUGUSTE CHIO ÉDITEUR

41, QUAI DES GRANDS-AUGUSTINS, 41

Et chez l'Auteur, rue des Abbesses, 11.

1873

PARIS IMPRENABLE

Nouvelle Réorganisation de l'Armée

PAR

H. ANDRÉ

Avec une Carte topographique des Ouvrages de défense de Paris

PRIX : **1 Franc**

TROISIÈME ÉDITION

Revue, Corrigée et augmentée

PARIS

AUGUSTE CHIO ÉDITEUR

41, QUAI DES GRANDS-AUGUSTINS, 41

Et chez l'Auteur, rue des Abbesses, 11.

1873

LILLE. — IMPRIMERIE LEMAIRE-DOISY.

PARIS IMPRENABLE

I

Considérations générales

Il est de notre intérêt que Paris devienne grand et fort comme doit l'être le futur boulevard de la France.

Illi robur et æs triplex circum pectus erit.

Rome, pour devenir la capitale du monde et la ville éternelle, n'avait que sept collines. Faisons tous nos efforts pour que Paris, muni d'une triple ceinture de rivières et de montagnes, comme d'une triple cuirasse, nous reste du moins comme l'éternelle capitale de la. civilisation.

« Paris, pour sa glorieuse défense contre les Prussiens,
» a fait l'admiration du monde, et s'il a été forcé de
» capituler, ce n'est que par la famine et par l'insuffisance
» de ses fortifications actuelles. De même, si nos armées
» de province n'ont pu dégager la capitale, c'est que ces
» armées improvisées, n'avaient, à l'intérieur, ni places

» fortes pour s'organiser, ni routes stratégiques pour
» appuyer leurs mouvements sur Paris. La France n'a
» donc pas été vaincue ; elle a été surprise. »

Notre première édition parue en 1871 a été communiquée
aux autorités supérieures, et, déjà, tous les projets militaires qui s'y trouvent énoncés, sont adoptés et discutés
comme des projets nouveaux émanant des officiers du
génie. Cependant, ce qui nous permet de croire que nos
avis ont été pris en considération, c'est l'accueil bienveil-
lant qui a été fait à notre travail, par le public, par des
généraux et par un illustre maréchal de France. C'est surtout la ressemblance qui existe entre les projets récents du
génie militaire et ceux que nous avons publiés en 1871. Les
plans qui paraissent en voie d'exécution ont donc été
décrits par nous avant tout travail sur le même sujet. Bien
plus, les modifications qu'on a proposées pour nos lignes
de forts, sont indiquées, dans notre première édition, mais
d'une manière plus large et plus étendue. C'est un surcroît
de dépense que nous demandons, mais n'oublions pas
que fortifier Paris, c'est fortifier la France entière, et que
pour avoir voulu économiser cent millions, il y a dix ans,
(quand nous avons soumis nos premiers plans), la France
a perdu momentanément cinq milliards, deux provinces,
son prestige militaire, et malheureusement un grand nombre de défenseurs.

C'est dans le but de nous épargner de pareils désastres,
et pour conjurer tous les dangers dont nous sommes
menacés dans l'avenir, que nous avons encore soumis nos
idées aux hommes compétents, en 1871, et que nous avons
apporté notre pierre à l'architecte chargé de relever notre
édifice social.

C'est surtout pour remédier à l'insuffisance de nos fortifications que nous avons fait soumettre à l'ancien chef de l'État de nouveaux projets. Il a été répondu : *ces plans sont fort beaux, mais ils exigent trop de temps et trop d'argent.* Nous avons donc cru nous rendre utile en publiant nous-même un travail déjà honoré d'une aussi haute approbation.

Dans cette nouvelle édition, nous donnons une nouvelle carte topographique, avec l'élévation de chaque fort au-dessus du niveau de la mer; et plusieurs questions nouvelles seront soulevées, comme on peut le voir.

Simples questions :

1º Le mur d'enceinte est-il utile comme moyen de défense?

2º Pour fortifier Paris, doit-on établir deux nouvelles lignes de forts ?

3º Notre première ligne, qui embrasse déjà St-Germain, Versailles, Sceaux et St-Denis, doit-elle encore comprendre Pontoise?

4º Par quels moyens pourrait-on mettre Paris à l'abri de la famine, et, la plus grande partie de la France, à l'abri de l'invasion?

5º Avec quels éléments pourrait-on créer une armée de terre et de mer?

Du mur d'enceinte :

« En 1870, nous écrivions au Président de la République : L'ennemi attaquera par deux points principaux, par St-Denis et par Meudon et St-Cloud. Doublez les fortifications de St-Denis, fortifiez Meudon et St-Cloud, et augmentez le nombre de nos forts, de manière à former, autour de Paris, comme une seconde enceinte continue. »

C'est que, déjà, nous pensions que ce mur d'enceinte, comme moyen de défense, était inutile ; les événements nous ont donné raison.

Nous croyons donc que les limites de Paris peuvent être reculées, sans inconvénient pour la défense, jusqu'à la ligne de nos forts actuels, ligne qui doit nous servir de réserve, et jusqu'à la Seine.

1º Ce mur d'enceinte est partout paralysé, dans son action, par des villages, des rivières ou des montagnes. Il ne peut nous préserver ni de la famine, ni du bombardement, puisque déjà nos forts actuels, quoique plus éloignés, n'ont pu nous épargner ces dangers.

2º Ce mur d'enceinte, faisant double emploi avec la ligne de réserve, c'est-à-dire avec la ligne de nos forts actuels, ne servirait qu'à nous affaiblir, en divisant nos forces sur deux lignes, au lieu de les concentrer sur une seule et la seule utile.

3º Ce mur, occupé par des hommes désœuvrés, peut devenir encore un foyer d'intrigues, un obstacle à la défense, et un danger pour Paris. Les forts, au contraire, seront toujours des postes d'honneur.

4º L'humanité réclame encore cet agrandissement de la capitale. Tout devient tellement cher à Paris, que l'ouvrier chargé de famille ne peut y vivre même en travaillant. Les familles pauvres languissent dans les privations et s'étiolent faute d'air et de soleil. Ce n'est donc qu'en dehors du mur d'enceinte que ces familles pauvres peuvent espérer un peu de bien-être, c'est-à-dire des logements salubres et la vie à bon marché.

Il faudrait donc dégrever de toute servitude, les terrains compris dans la zône militaire, et faciliter la création de nouveaux quartiers où les travailleurs n'auraient à payer ni octroi ni impôt.

Chemin de fer stratégique.

Nous nommons ligne d'attaque ou première ligne, celle qui est la plus éloignée et qui embrasse St-Germain, Versailles, Sceaux et St-Denis. Cette ligne se trouve designée par le chemin de fer adopté par le génie militaire. Mais elle sera modifiée. La ligne de défense ou seconde ligne suit presque partout la limite du département, excepté au midi, et concorde avec la ligne d'investissement des Prussiens. La ligne de réserve comprend nos forts actuels.

En parlant de notre ligne d'attaque, nous disions, dans notre première édition : « On pourrait établir un chemin de » fer stratégique qui relierait tous nos forts entr'eux et en » même temps tous les chemins de fer situés autour de » Paris. Alors, nos mouvements militaires seraient plus » rapides, le commerce et l'industrie prendraient plus » d'essor et les villes et les villages qui entourent la capitale » ne feraient que gagner en importance. » Sur la rive » droite, il suffirait de prolonger la ligne de Mulhouse au » nord et au midi. » L'idée d'un chemin de fer devant relier nos forts se trouve déjà consignée dans notre première édition.

Seulement, on a donné à ce chemin de fer stratégique le nom de chemin de grande ceinture ; le nom seul a été changé, le chemin reste comme nous l'avons décrit en 1871.

Voici donc le tracé du chemin de fer adopté par nos ingénieurs et publié dans les jouruaux, il y a quelques mois.

Ce chemin de fer de grande ceinture a 133,000 mètres; il relie 114 localités et tous les chemins de fer de Paris et il se divise en quatre sections.

Première section : de Versailles à Pontoise, 36,000 mètres. Elle commence à la gare des Chantiers, suit le chemin de fer de Rennes jusqu'à Saint-Cyr, traverse la forêt de Marly sous un tunnel de 800 mètres et sur un viaduc de 60 mètres, traverse la Seine à Conflans et se termine à Pontoise.

Deuxième section : de Pontoise à Noisy-le-Sec, 34,000 mètres. Elle suit le chemin de fer du Nord sur 19,339 mètres. A la station d'Epinay, elle se dirige vers Stains, le Bourget et Noisy-le-Sec.

Troisième section : de Noisy-le-Sec à Ablon, 31,000 mètres. Elle suit la ligne de Mulhouse sur 6,881 mètres, raverse la Marne pour se raccorder avec le chemin de fer de Vincennes et traverse la Seine au-dessus de Villeneuve-Saint-Georges.

Quatrième section : d'Ablon à Versailles, 32,000 mètres. Elle longe le chemin de fer d'Orléans, puis le département de la Seine, traverse la Bièvre et.le chemin de fer de Limours qu'elle suit jusqu'à Massy, remonte la Bièvre jusqu'aux Loges et regagne Versailles après avoir traversé un tunnel de 194 mètres.

Remarques : 1· Sur la rive gauche, ce nouveau chemin de fer est protégé en grande partie par les forts de notre ligne d'attaque, et sur la rive droite par les forts de notre ligne de défense.

Comme nous l'avions indiqué, il a suffi de prolonger la ligne de Mulhouse au Nord et au Midi pour relier tous les chemins de fer de ce côté de Paris.

Bien plus, l'emplacement des six premiers forts a déjà été fixé par le génie militaire : A Montigny, à Domont, à Ecouen près de Villiers, à l'Orme-Morlu, à Vaujours et à Chelles. Cet emplacement est presque partout celui que nous avions choisi nous-même. Cette ligne de forts, déjà commencée, sera-t-elle continuée, en suivant le tracé du chemin de fer déjà décrit? Sera-t-elle modifiée ou doublée d'une seconde ligne?

Nous pensons que cette ligne, sur le côté droit de la Seine, doit être continuée jusqu'à Villeneuve-St-Georges et qu'elle doit être conservée quand même, si non comme ligne d'attaque, du moins comme ligne de défense. C'est ce que nous démontrerons.

Remarques

Ce chemin de fer de ceinture, quitte la Bièvre, au-dessus des Loges pour regagner Versailles qui n'aurait ainsi qu'une seule voie de sortie. Le prolongement de ce chemin de fer jusqu'à St-Cyr, fournirait à l'armée campée à Satory une deuxième voie de sortie et l'on aurait moins d'accidents à redouter. Le camp de Satory, cotoyé par ce chemin de fer, se trouverait fortifié, et St-Cyr, déjà défendu par les forts de la Minière, de Bois-d'Arcis et muni d'une enceinte continue nécessaire pour relier ses nombreux chemins de fer, deviendrait une place de guerre très-importante pour protéger ce côté occidental de Versailles. Sur la rive droite, ce chemin de fer de grande ceinture nous paraît insuffisant. Dans tout son parcours, il se trouve trop éloigné de la ligne de nos forts d'attaque. Ces forts devront donc être reliés par un nouveau chemin de fer stratégique. C'est surtout de ce côté, le plus exposé au choc de l'ennemi, que nos forts et nos moyens de transports doivent être nombreux pour le service des troupes et celui de l'armée territoriale qui va devenir disponible.

Ce chemin stratégique nouveau, commencerait sur la rive gauche à Palaiseau, traverserait la Seine à Juvisy, la Marne au-dessous de Lagny, et suivrait ainsi la ligne de nos forts d'attaque, passerait au milieu du camp retranché formé entre la Marne et l'Ourcq et suivrait son cours jusqu'à la rivière de l'Oise, où il se raccorderait avec le chemin de fer du Nord.

II

Nécessité de deux lignes de forts.

Nous pensons que notre première ligne qui embrasse Saint - Germain, Versailles, Sceaux et Saint - Denis est insuffisante, qu'elle doit compreudre encore Versailles et qn'elle doit être doublée d'une seconde ligne dite ligne de défense. Cette dernière ligne nous a été trop fatale pour nous exposer à la voir encore hérissée de canons prussiens. Cette ligne formée par des rivières et des montagnes est un second obstacle à opposer à l'enne-mi. Elle contribue à fortifier Saint-Germain, Versailles et Sceaux, et elle double les fortifications de Saint-Denis. Au midi, cette ligne doit remplacer les cinq forts actuels, trop rapprochés de la capitale pour la préserver du bombar-dement. A l'est, elle doit protéger le chemin de fer de grande ceinture.

Cette ligne est le trait d'union, qui doit réunir, en un

tout compacte, la ligne d'attaque et la ligne de réserve rop distantes l'une de l'antre pour se renforcer mutuellement. Ces trois lignes ainsi soudées, et s'appuyant les unes sur les autres, forment comme une triple cuirasse qui deviendrait de plus en plus difficile à percer à mesure qu'on voudrait pénétrer plus avant. Pour arriver sous les murs de Paris, l'ennemi serait donc obligé de nous livrer trois grandes batailles, et dans des conditions de plus en plus désavantageuses pour lui, car à mesure qu'il avancerait il rencontrerait plus de résistance.

En effet, si l'un des forts de la ligne d'attaque venait à succomber, l'ennemi, pour arriver à la ligne de défense, se trouverait assailli par les forts voisins de quatre côtés à la fois. Si, sur cette ligne de défense, nous éprouvions un second échec, resterait encore comme ressource suprême, notre ligne de réserve formée de nos forts actuels. Ces forts, quoique insuffisants par eux-mêmes, doublés par de bonnes redoutes de manière à former une seconde enceinte continue, comme nous le demandions à M. Thiers en 1870, seraient encore en état de résister assez longtemps, pour permettre à nos armées de venir se ranger en bataille sous la protection des forts de la ligne de défense et de la ligne d'attaque restés libres, et l'ennemi assailli de front et sur ses flancs se trouverait exposé aux plus grands dangers. Supprimez la ligne d e défense, et tous ces avantages disparaissent. La première bataille sur la ligne d'attaque se trouverait déjà livrée dans des conditions moins favorables, et si le sort des armes nous était contraire, l'ennemi, après la prise d'un certain nombre de forts sur la ligne d'attaque, ne manquerait pas de venir reprendre ses anciennes positions sur cette autre ligne redoutable, qui doit nous servir de ligne de défense, et notre chemin de fer de grande ceinture non protégé serait tourné contre nous par l'ennemi. Notre ligne de réserve non-soutenue, serait encore impuissante pour nous préserver de la famine et du bombardement. Il nous faudrait encore capituler. L'abandon de cette ligne de défense serait donc une faute impardonnable. Supposons, en effet, l'ennemi fortifié sur cette ligne inabordable, surtout du côté de Paris. Pour nous dégager, nous serions bien forcés d'aller à sa rencontre. Qui peut prévoir l'issue d'une bataille, dans des conditions aussi fâcheuses ? Qui nous dit même que l'arrivée de l'ennemi dans ses anciennes positions, ne serait pas le signal d'une panique générale et d'une capitulation honteuse.? Voilà les dangers qu'il faut prévoir, et auxquels on ne peut remédier que par l'exécution de notre ligne de défense.

Pour se battre avec courage, il faut que le général et le soldat aient confiance. Notre système de fortifications peut inspirer cette confiance à tout le monde. Vienne l'heure de la revanche et chacun fera bravement son devoir. Si l'argent est le nerf de la guerre, la confiance est le nerf du soldat. Que ce système soit donc étudié, combiné, exécuté ; et un grand service aura été rendu au pays.

En résumé, avec notre ligne de défense, la confiance, le courage, nos moyens de résistance, nos chances de succès, les difficultés pour l'ennemi, tout se trouve triplé.

Sur le nombre de nos Forts.

Tous les décrets rendus jusqu'à ce jour semblent puisés dans notre travail, et sont venus justifier nos théories et le nombre de nos forts.

C'est ainsi que le décret suivant amoncé le 27 février, se trouve indiqué d'avance dans notre seconde édition qui a été publiée et envoyée à l'autorité, le 10 du même mois. *L'expérience ayant démontré l'inutilité du mur d'enceinte comme moyen de défense, les terrains compris dans la zône militaire, seront dégrévés de toute servitude.* Nous ferons observer d'abord, que cette inutilité du mur d'enceinte avait été déjà signalée par nous, avant la guerre. La conséquence à tirer de ce décret, c'est que l'armée territoriale n'ayant plus à garder ce mur inutile, devient disponible. Serait-il raisonnable d'exposer la vie de tant de pères de famille, en rase campagne, tandis qu'on peut utiliser leur courage dans des forts nombreux. Mais ces forts ne sont qu'au nombre de 70, y compris les anciens forts, *nombre insuffisant pour abriter 200 bataillons.*

C'est donc en prévision de ce besoin aujourd'hui reconnu, que nous avons demandé :

1º De reculer les limites de Paris jusqu'à la Seine, et jusqu'à la ligne de nos forts actuels, ligne élargie au Midi.

2º D'augmenter le nombre de ces forts de réserve de manière à former autour de Paris comme une seconde enceinte continue.

3º D'établir deux nouvelles lignes de forts, une ligne de défense pour remplacer le mur d'enceinte, et une ligne d'attaque très-étendue, pour conserver de nombreux terrains cultivés, nécessaires à l'alimentation de Paris.

Ainsi se trouve justifié le nombre de nos forts.

DES FORTIFICATIONS DE PARIS

III

CÔTÉ GAUCHE, PREMIÈRE RÉGION

Ligne de défense. — Cette ligne commence au moulin d'Orgemont, suit le second repli de la Seine qui baigne Argenteuil, passe au Mont-Valérien, à Garches, à Meudon, à Châtillon, aux Hautes-Bruyères, au moulin d'Argent-Blanc près de Thiais, et se termine au sud de Choisy-le-Roy, pour protéger, en même temps, dit notre premier exte, le chemin de fer d'Orléans, la Belle-Epine, sur la route de Versailles, et la Seine qui sera fortifiée à Juvisy et plus loin encore, comme nous le verrons bientôt.

D'après un journal du 7 septembre dernier, toute cette partie de notre ligne de défense serait adoptée. On devait s'y attendre, car cette ligne qui était celle de l'ennemi, doit remplacer au midi les cinq forts actuels trop rapprochés de la capitale pour la préserver du bombardement. Le fort de Garches, dit ce journal, situé entre le Mont-Valérien et Versailles, a l'avantage de préserver Paris du bombardement, et de dominer Versailles, et nous ajoutons de conserver nos relations avec St-Germain en communiquant avec le fort du Trou-d'Enfer.

Nous allons voir que Versailles, Sceaux et St-Germain qui ont été si utiles à nos ennemis, seront dominés et fortifiés de l'autre côté par la ligne d'attaque.

Ligne d'attaque. — Cette ligne, dans notre première édition, commençait à Andrésy. Nous ajoutons à cette ligne un fort à Courdimanche près de Pontoise, parce qu'il nous paraît nécessaire de fortifier cette ville, dans le but d'assurer nos communications entre Paris et les provinces du Nord. Nous y reviendrons. Un fort à Courdimanche aurait encore l'avantage de protéger l'entrée de cette vaste presqu'île formée par l'Oise et le coude que fait la Seine vers Poissy, et de défendre Meulan du moins de ce côté. Cette ligne reprenant son cours sur les hauteurs d'Andrésy, passe à l'ouest de Poissy, à Ste-Jammes, à St-Nom, à Bois-d'Arcis, assez éloigné de St-Cyr pour le préserver du bombardement, à la Minière, aux côtes Montbron près du Trou-Salé, à l'est de l'étang de Saclay, à Palaiseau, et enfin à Juvisy.

Le fort de Juvisy domine la route et le chemin de fer d'Orléans réuni à celui de Corbeil, l'embranchement qui relie ces deux chemins de fer avec celui de Lyon, le pont d'Athis, la Seine qui doit être protégée plus loin encore, etc. Si ce fort n'a pas figuré sur notre première carte, à sa place naturelle, c'est donc faute d'espace.

Ainsi, comme nous le disions, dans notre première édition : « Le camp de Satory se trouve fortifié, la Bièvre » est protégée par trois forts, la Seine est gardée et » défendue, nos ponts sont libres, la route de Choisy-le-» Roy à Versailles n'a plus rien à craindre, et toute cette » région est inabordable. Nous pourrions ajouter : Les trois grandes presqu'îles de Gennevilliers, du Vésinet et de la forêt de St-Germain sont protégées de tous les côtés, nos communications avec Pontoise sont assurées, et St-Germain, Versailles et Sceaux sont fortifiés. Ces trois villes sont reliées entre elles par des forts intermédiaires et communiquent avec Paris au moyen des forts de notre ligne de défense. Ainsi Versailles communique, avec St-Germain par le fort du Trou-d'Enfer, avec Sceaux par fort de Malabry près de Pessis-Piquet sur la route de Choisy-le-Roy, avec Paris par les deux chemins de fer et par les forts de Garches et de Meudon et enfin avec les provinces de l'ouest par la citadelle de Château-Fort. A l'aide de cette forteresse, l'importante vallée de Chevreuse est protégée, et notre ligne d'attaque à l'ouest de Versailles se trouve encore renforcée.

Comme on peut le voir, Versailles sera fortifié de manière à n'avoir rien à redouter du bombardement, et il peut être secouru de tous les côtés à la fois.

Si nous n'avons pas établi nos retranchements derrière la Bièvre, c'est que les positions situées derrière cette rivière, quoique avantageuses, ne sont propres qu'à la défensive, et que le chemin de fer stratégique qui longera certainement cette petite rivière, ainsi que le pays qui est au-delà, se trouveraient trop exposés aux excursions de l'enemi. D'ailleurs il existe au-delà, une ligne entrecoupée d'étangs et de montagnes qu'il ne faut pas laisser au pouvoir de l'ennemi.

RIVE DROITE

« En parlant des régions situées sur le côté droit de la
» Seine, nous disions, dans notre premier travail : Si les
» bords de la Seine sont bien défendus, ainsi que Saint-
» Germain, Versailles et Sceaux, l'ennemi se trouvera
» maintenu sur le côté droit du fleuve. C'est donc de ce
» côté surtout qu'il convient d'établir un vaste système de
» défense. La nature des lieux tout parsemés de rivières,
» de montagnes et de forêts, nous oblige d'ailleurs à éten-
» dre au loin nos fortifications.

Ces prémisses étant adoptées, la conséquence naturelle qu'on en doit tirer, c'est que la seule ligne des forts nouveaux que nous avions tracée est insuffisante, et qu'il est nécessaire d'appliquer, sur une large échelle, notre système de forts basé sur deux nouvelles lignes. Cette modification à notre plan primitif pour cette région et la suivante se trouve déjà clairement indiquée dans notre premier texte.

Nous aurons donc pour cette région et la suivante, une ligne de réserve, une ligne de défense et une ligne d'attaque. Ces trois lignes existent pour la région nord-est.

DEUXIÈME RÉGION (*sud-est*)

Ligne de réserve. — Cette ligne se composerait des forts de Charenton ou mieux de Montmesly, de la Faisanderie, de Nogent, de Rosny et de Noisy-le-Sec.

Ligne de défense. — Cette ligne, qui paraît adoptée, dans notre nouveau système, au lieu d'être une ligne d'attaque, n'est plus qu'une ligne de défense. Elle comprend les forts de Villeneuve - Saint-Georges, de Boissy-Saint-Léger, d'Ormesson, de Villiers, ou de la Malnoüe, de Chelles et même de Vaujours.

Cette ligne est celle qui a été occupée par les Prussiens. Quoique formée par de hautes montagnes, elle offre l'inconvénient d'être dominée par d'autres montagnes et surtout par de nombreuses forêts qu'il faut dominer nous-mêmes, si nous ne voulons pas les voir occuper par l'ennemi. Il devient donc nécessaire de conserver cette ligne importante comme ligne de défense et de porter plus loin une seconde ligne com   e d'attaque de manière à utiliser contre nos en   ns, les   breuses forêts qui existent dans ces parage

Ligne d'attaque.—Le tracé de cette ligne se trouve en partie indiqué dans notre premier texte. En effet, il y est dit : La Seine est gardée et défendue. Dans ce but, nous avions donc déjà un fort à Juvisy. On y lit encore : La Marne ainsi défendue au loin et des deux côtés, aurait l'avantage de couper l'armée ennemie en deux, etc. Montevrain qui domine Lagny, la Marne et le chemin de fer de Strasbourg, était donc naturellement indiqué par nous. Entre Montevrain et Juvisy, il ne nous restait plus qu'à placer les forts intermédiaires sur les éminences qu'on pourrait trouver dans les environs de Ferrières, d'Ozouer, de Ferroles et de Périgny. Sur toute cette ligne, le pays est dépourvu de montagnes. Ce dernier fort aurait l'avantage de protéger Brunoy, le chemin de fer de Lyon et le nord de la forêt de Sénart. Cette forêt se trouverait encore protégée, au midi, par un fort sur la rive gauche de la Seine dans les environs de Corbeil. Quelques forts de plus nous ont suffi pour former notre ligne d'attaque, mais aussi notre ligne de défense est conservée et doublée, on est maître des forêts, et toute cette région est à l'abri du danger, grâce à nos deux lignes de forts.

On a proposé de remplacer la ligne de défense de cette région par une seule ligne un peu plus large qui commencerait à Torcy, passerait à Montety, à Santeny pour rejoindre Villeneuve Saint-Georges.

1° Cet élargissement de notre ligne de défense est insuffisant pour remplir le but qu'on se propose, savoir : dominer les forêts de toute cette région.

2° Comme on peut le voir, si on abandonnait la position de Chelles, Torcy serait attaqué sur quatre points à la fois, et le fort de Santeny à l'angle de deux montagnes qui s'étendent même au de là de Périgny et de Férolles serait impuissant comme point d'attaque.

Nous conserverons Chelles comme fort de défense. Ce fort se trouve séparé des montagnes de Champs et de Torcy par une vallée profonde où circulent la Marne et le chemin de fer de Mulhouse. Mais, c'est précisément cette vallée qui rend ce fort inattaquable de ce côté.

3° Si cette seule ligne qu'on propose venait à être brisée, nous aurions toujours à courir le danger de voir l'ennemi reprendre, sur notre ligne de défense abandonnée, ses anciennes positions. Nous espérons bien qu'une pareille faute ne sera pas commise, et que nos deux lignes de forts nécessaires, surtout dans cette région, seront adoptées et exécutées.

RÉGION DE L'EST

Cette petite région est comprise entre la Marne et le canal de l'Ourcq.

Les deux forts de Chelles et de Vaujours déjà adoptés par le génie militaire sont conservés dans cette région comme forts de défense. Ces deux forts sont partout commandés par des forêts et des montagnes et nous avons été déjà contraint de renforcer Chelles à l'aide d'un autre fort, à Montevrain. Pour la même raison, Vaujours aura pour auxiliaire Souilly. Et ces deux derniers forts seront reliés au moyen d'une simple redoute à Carnetin.

Observons que le quadrilatère formé à l'aide des forts de Chelles, de Vaujours, de Montevrain et de Souilly, forme un véritable camp retranché. Ce quadrilatère, en effet, a pour murailles, des montagnes escarpées, pour fossés, des vallées profondes baignées par des cours d'eau, et pour moyens de défense, des forts placés sur des points élevés. A l'Est, ce quadrilatère est rendu inabordable par les replis de la Marne qui se trouve reliée au canal de l'Ourcq par la Biberonne. A l'Ouest, il conserve ses communications avec Paris au moyen des forts de Nogent, de Rosny et de Noisy-le-Sec.

Tout se trouve donc combiné par la nature elle-même, de manière à former de ce quadrilatère, un camp retranché redoutable et assez vaste pour abriter une armée entière.

C'est ce même camp retranché que nous voulions désigner, dans notre première édition, quand, en parlant de Chelles et de la Marne, nous disions : « Cette rivière ainsi
» défendue au loin et des deux côtés aurait l'avantage de
» couper l'armée ennemie en deux ; tandis que l'armée de
» Paris, *campée* dans cette région, pourrait se porter
» partout, parceque partout elle trouverait des ponts et
» des passages libres, et des forts pour la soutenir. » Comme on le voit, toutes les objections ont été prévues, toutes les améliorations désirables ont été indiquées d'avance, dans notre brochure de 1871. Si, par timidité, nous nous sommes arrêté à moitié chemin, du moins nous avons indiqué la route à suivre. Aujourd'hui achevons notre marche et complétons notre œuvre, coûte que coûte. Il faut savoir *dépenser de l'argent* pour économiser le *sang de nos soldats.*

RÉGION NORD-EST.

Cette grande région est comprise entre le canal de l'Ourcq et la rivière de l'Oise. Elle forme un vaste demi-cercle dont le centre est Saint-Denis. Cette ville, vu son importance, devant être le point de mire de l'ennemi, doit donc avoir comme Paris, sa ligne de réserve composée de sés trois forts actuels, sa ligne de défense et sa ligne d'attaque ; ces deux dernières lignes nesont que le prolongement des mêmes lignes qui entourent Paris.

Cette grande région peut elle-même se diviser en deux parties séparées par la route de Dunkerque. La partie des montagnes et des forêts parmi lesquelles on distingue la forêt de Montmorency est située au nord-ouest de Saint-Denis et la partie des plaines est située au nord-est. Dans cette dernière partie, on ne rencontre en effet que certaines éminences qu'il faut fortifier avec le plus grand soin, parce que c'est cette partie qui est la plus directement exposée au choc de l'ennemi, et que c'est probablement dans ces plaines que se décidera le sort de Paris et de la France entière.

La ligne de défense commencerait donc à Vaujours, passerait à Aulnay-lez-Bondy, au pont Iblon, à Garches, à Montmagny, pour se terminer dans cette région au moulin d'Orgemont.

Ligne d'attaque. —Cette ligne commencerait à Souilly, passerait à la Villette-aux-Aulnes pour protéger la forêt de St-Denis, passerait ensuite, non à l'Orme Morlu, mais au moulin de l'Orme entre les deux Tremblay et Roissy.

Ce fort dans cette nouvelle position, un peu plus au Nord, se trouverait moins gêné pour son tir par les villages cités, et Gonesse se trouverait encore mieux abrité. De là, notre ligne passe par Goussainville, près du chemin de fer de Creil, à Ecouen près de Villiers, à Domont, à St-Leu, et se termine à Montigny. Cette partie de notre ligne d'attaque est presque partout adoptée.

Remarques.

1° Si, comme on l'assure, et comme nous le demandions déjà en 1870, les fortifications de St-Denis doivent être doublées, les nouveaux forts à établir autour de cette ville, ne peuvent être placés que sur notre ligne de défense,

parce que sur cette ligne seulement se trouvent des éminences assez bien disposées pour recevoir les forts nouveaux, et que ces forts seront assez éloignés de St-Denis
pour le préserver du bombardement.

2° La ligne d'attaque que nous avions tracée pour cette
région, et même pour la précédente, a été modifiée et
élargie. Plusieurs des forts qui composaient notre ancienne
ligne d'attaque, quoique adoptés par le génie militaire,
passent dans la ligne de défense. Le fort de l'Orme-Morlu
a été iui-même porté plus au Nord, et nous avons indiqué
les points où il nous paraît convenable de placer les forts
intermédiaires comme St-Leu, etc.

3 Cependant, nous voyons encore une lacune à remplir :
La forêt de Montmorency se divise en deux plateaux coupés
par la route de Domont à Montlignon, et malgré la précau-
tion prise par nous de placer les forts de Domont et de St-
Leu du côté du plus grand plateau, et sur les hauteurs qui
dominent la route que devra probablement suivre le chemin
de fer de Montmorency à Domont, nous pensons que cette
forêt de Montmorency doit être encore protégée à l'Ouest,
et que dans ce but un fort serait bien placé dans les environs de Frépillon. Ce fort aurait encore l'avantage de protéger, de concert avec St-Leu et Montigny, toute cette région
située à l'Est de l'Oise qui s'étend depuis Conflans, Pontoise, l'Ile-Adam jusqu'à Beaumont, qui doit être fortifié.
Le fort de Frépillon, s'appuyant sur l'Oise, serait dans ces
parages un excellent point d'attaque pour remplacer, comme
tel, le fort de Montigny, qui, après tout, ne peut jouer que
le rôle de fort de défense.

4° Comme on le voit, il nous a suffi d'ajouter un fort à
chaque extrémité de notre ligne d'attaque, l'un à Frépillon
et l'autre à Courdimanche, pour arriver jusqu'à Pontoise.

Cette ville, du côté de Paris, se trouve donc déjà très-bien protégée, d'abord par sa rivière, et ensuite par les forts déjà cités. Reste donc à étudier si Pontoise, par lui-même et du côté opposé, se trouve dans de bonnes conditions pour constituer une véritable place de guerre.

Pontoise est situé sur une montagne qui domine deux ponts, la rivière et toute la plaine qui s'étend jusqu'aux forts de St-Leu et de Montigny. Sur le point culminant de cette montagne existent les vestiges d'une ancienne tour. Sur ces ruines, encore entourées de murs épais et solides, il serait facile de construire un fort ou une citadelle qui commanderait la campagne qui se trouve à l'ouest de cette ville. Le sol, à une certaine distance, est de ce côté comme déchiré en grande partie par des ravins profonds qui semblent avoir été creusés là par la nature elle-même, pour servir de fossés à une ville forte.

Avec deux autres citadelles, l'une sur l'Oise, sur les hauteurs qui font face à Frépillon, l'autre sur la montagne qui correspond avec Courdimanche, Pontoise ainsi fortifié, inattaquable du côté opposé, servirait de sentinelle avancée pour protéger Paris, pour conserver nos communications avec les provinces du nord, pour remplacer et protéger Saint-Denis lui-même qui passe dans la ligne de réserve.

En résumé, Paris *ipso facto* est muni d'une *triple « ceinture »* de forts. Nos troupes ont partout de nombreux points de sortie, et la milice parisienne trouve partout des postes d'honneur. L'investissement de la capitale devient impossible, à moins d'y consacrer deux millions d'hommes et une artillerie innombrable. Les villes voisines sont à l'abri des canons ennemis, et nous servent à établir nos communications avec les provinces, surtout avec celles du nord et de l'ouest. Enfin la capitale n'est plus un centre de défense obligé d'attendre sa délivrance de nos provinces, mais cette capitale devient un grand centre d'attaque en état de porter du secours aux provinces elles-mêmes.

L'utilité des modifications que nous avons fait subir à notre plan primitif est tellement évidente que l'exécution de ce plan ainsi modifié, ne peut plus être qu'une question de temps et d'argent. L'argent est toujours bien employé, quand il peut assurer l'honneur et l'indépendance de la patrie et ménager le sang de nos soldats.

« D'ailleurs, l'impôt dépensé en travaux publics, n'est
» pour le gouvernement, que le moyen de tirer de la
» bourse du riche une partie de son revenu, pour le ver-
» ser dans la poche du pauvre. Du moins cet argent reste
» en France et sert à soulager des Français. »

DES LIGNES STRATÉGIQUES

IV

Paris à l'abri de la famine

Nous ne comptons que deux lignes stratégiques principales, et une ligne secondaire. L'utilité de ces lignes est incontestable; car elles doivent servir à relier Paris avec les provinces, à fournir de nombreux points de ralliement et d'appui à notre armée de réserve, à donner plus de force et de liberté d'action à l'armée active, à mettre Paris à l'abri de la famine, et à préserver la majeure partie de la France de l'invasion.

Ces lignes stratégiques sont : 1º L'Oise et son affluent l'Aisne. 2º La Haute-Seine jusqu'à Montereau et la ligne du canal de Bourgogne jusqu'à Dijon et Belfort. 3º La ligne secondaire reprend la Haute-Seine et se continue par Fontainebleau jusqu'à la Loire, par le canal de Briare. C'est ce canal qui devient ligne secondaire.

Pour bien comprendre l'utilité de ces lignes stratégiques, supposons que l'ennemi, après avoir franchi la frontière, vienne se masser avec toutes ses forces à l'est de Paris. Quel sera son plan ? Il ne peut tenter de prendre Paris par la force ; nos trois lignes de forts sont impénétrables. Il pourrait peut-être chercher à se fortifier sur les montagnes situées au-delà de notre ligne d'attaque, dans l'attente d'une grande bataille. Mais nous aurons le soin de fortifier les montagnes, surtout celles qui sont près des chemins de fer comme Montbélian et Dammartin.

L'ennemi pourrait-il investir encore Paris de manière à le prendre ainsi et directement par la famine ?

Cette dernière tentative contre Paris, entouré d'une ligne d'attaque aussi étendue que celle que nous avons tracée, nous paraît impossible même avec deux millions d'hommes.

Paris ne peut donc être, ni pris d'assaut, ni investi directement. Pourrait-il encore succomber à la famine ?

1º En cas de guerre, il est à croire que Paris serait bien approvisionné.

Dans l'intérieur de notre ligne d'attaque nous conserverions beaucoup de terrains pour la culture des légumes, et beaucoup de forêts pour la nourriture des bestiaux. Nous pourrions recevoir des vivres, des munitions et des secours, par le Nord, l'Ouest et par l'Océan, qui se trouveraient protégés par nos lignes stratégiques à établir sur l'Oise et la Haute-Seine.

Enfin, Paris, muni de sa triple cuirasse de forts, entretenu de légumes, et ravitaillé par le Nord, l'Ouest et la mer serait vraiment imprenable.

2° L'ennemi, pour empêcher le ravitaillement de la capitale, serait donc obligé de diviser ses forces en quatre armées, pour occuper les provinces du nord et de l'ouest, et pour couper nos communications avec la mer. En un mot, il serait forcé de recommencer la guerre sur le plan qui lui si bien réussi en 1870. Aujourd'hui, la position ses trouverait changée tout à notre avantage. Nous serions mieux préparés ; nos armées, même en cas d'échec sur la frontière, trouveraient partout des forts assez bien échelonnés pour soutenir leur retraite sur Paris. Notre armée de Paris trouverait dans nos forts d'attaque de nombreux points de sortie pour reprendre l'offensive et pour porter du secours aux provinces elles-mêmes reliées à la capitale par nos lignes stratégiques. Enfin, supposons que l'ennemi puisse disposer de quatre armées assez nombreuses pour réaliser un plan semé de tant de dangers. La première armée ennemie serait donc retranchée et fortifiée à l'est de Paris pour conserver ses communications et en même temps celles des autres armées. La seconde armée franchirait l'Oise pour occuper les provinces du Nord, attaquer Pontoise et couper nos communications avec la mer.

La troisième chercherait à franchir la Haute-Seine,

pour envahir les provinces de l'ouest, combattre nos armées de secours en formation à Orléans, et pour cerner Saint-Germain, Versailles et Sceaux. Enfin, la quatrième franchirait la ligne du canal de Bourgogne, pour combattre l'armée de Lyon et pour empêcher cette armée française de venir couper les communications, avec l'Allemagne, de l'armée ennemie retranchée à l'est de Paris.

La conséquence à tirer de ces faits positifs et probables, c'est qu'il est indispensable de fortifier : 1º la ligne de l'Oise ; 2º la ligne de la Haute-Seine réunie au canal de Briarre, jusqu'à la Loire ; 3º la ligne du canal de Bourgogne qui part de Montereau, passe à Sens, à Tonnerre, à Dijon et à Belfort.

Il est facile de comprendre, à l'aide d'une carte, que la grande région Nord-Est comprise entre l'Oise d'une part, et l'autre par la Haute-Seine et le canal de Bourgogne, forme une vaste région triangulaire qui a pour sommet, Paris et pour base, la frontière ; que l'Oise et la Basse-Seine limitent la grande region du Nord, et que les provinces de l'Ouest comprises entre la Basse-Seine et la Loire se trouvent parfaitement limitées par la Haute-Seine et le canal de Briare. En défendant l'Oise et la Haute-Seine jusqu'à la Loire, les régions du Nord et de l'Ouest se trouvent déjà protégées. En défendant la ligne du canal de Bourgogne de Montereau à Belfort, on préserve toute cette partie de la France située au Midi de cette ligne.

Ainsi, il nous suffirait donc de fortifier la seule région du Nord-Est, et les lignes principales qui limitent cette région, pour relier Paris à nos provinces, pour conserver à Paris ses communications avec la mer et avec les provinces du Nord et de l'Ouest, pour mettre notre capitale à l'abri de la famine, et la plus grande partie de la France à l'abri de l'invasion.

Pour faciliter le ravitaillement de la capitale du côté de la mer, on a proposé de protéger la Seine et le chemin de fer de Rouen à l'aide d'une série de forts échelonnés depuis Paris jusqu'au Hâvre.

Ce moyen, quoique insuffisant et peu sûr, nous l'acceptons, parce qu'il peut servir encore au même but en cas d'échec sur l'Oise et dans la région du Nord, et qu'il peut permettre aux provinces limitrophes, de se porter mutuellement des secours. C'est sans doute dans ce double but qu'on vient d'installer des établissements militaires à Rouen. Mais ne l'oublions pas, le meilleur moyen de protéger la Basse-Seine et nos communications avec la mer, c'est de fortifier l'Oise et la Haute-Seine jusqu'à Orléans.

En 1870, nous écrivions au général Trochu :

« Fortifiez Orléans. Cette ville, vu son importance » stratégique, sera prise la première du côté du midi. »

Hélas ! il était trop tard. Orléans a été pris, ainsi qu'un grand nombre de villes, comme Rouen, Amiens, Dijon, etc., etc., et tant d'autres places importantes qu'on aurait dû fortifier d'avance.

Plusieurs de ces villes réclament des établissements militaires, des dépôts d'artillerie. Ce ne sont pas des casernes qu'il faut donner à ces villes, mais des forts. Les casernes attirent l'ennemi; les forts le repoussent.

Comment doit-on fortifier notre grande région trianguaire ? La question est à l'étude.

Nous ne désirons qu'attirer l'attention des hommes spéciaux sur l'utilité de nos lignes stratégiques.

Un de nos généraux, dit-on, a trouvé dans la Champagne, l'emplacement d'un quadrilatère assez solide pour arrêter une armée entière. On pourrait en établir un autre sur l'Oise, à l'aide de La Fère et de Laon déjà fortifiés, et à l'aide de Soissons et de Compiègne qui doivent l'être. Avec nos deux lignes de forts, nous avons établi autour de Paris un grand nombre de ces quadrilatères, et surtout de triangles qui sont encore des moyens très-puissants de défense. Ne pourrait-on pas trouver autour de Dammartin l'emplacement d'un quadrilatère dans de bonnes conditions? On pourrait encore trouver d'autres emplacements, sur le côté droit de la Seine.

V

Armement des forts.

Pour fortifier Paris, en suivant notre ancienne ligne d'attaque adoptée presque dans tout son trajet, le gouvernement a besoin de vingt-cinq forts. Il n'en faudrait pas plus de trente, pour avoir une ligne d'attaque plus large, plus étendue, et qui embrasserait encore l'importante position de Pontoise.

Notre ligne de défense exige peut-être vingt forts au *maximum*. Mais cette ligne située entre la ligne d'attaque et la ligne des forts de réserve, triple à elle seule nos moyens de défense; elle n'est plus exposée à tomber entre les mains de l'ennemi, et elle remplace très-avantageusement le mur d'enceinte inutile comme moyen de défense.

En estimant à deux millions, la dépense de chaque fort,

nous arrivons juste au chiffre de cent millions votés pour les fortifications de Paris. Nous n'admettons pas à l'est de Paris de grands forts et de petits ouvrages intermédiaires. L'ennemi ne manquerait pas de s'acharner sur ces ouvrages secondaires pour s'en emparer, et pour cerner ensuite le fort principal, surtout, si par malheur, ce dernier fort ne se trouvait pas soutenu en arrière par les forts de notre ligne de défense. Mais, nous l'affirmons, cette ligne est trop utile pour ne pas être fortifiée.

L'armement de nos cinquante forts n'exige aucune dépense. 40 pièces de tout calibre suffisent à l'armement d'un fort. Ce qui nous donne pour ces cinquante forts un total de 2.000 canons. C'est juste le nombre de pièces inutiles qui se trouvaient braquées sur les bastions silencieux de notre mur d'enceinte.

Deux compagnies d'infanterie suffisent en temps de paix, pour tenir garnison dans chaque fort. Nous trouverions donc dans ces forts le moyen d'épargner les frais de casernement pour dix régiments. Chacun de ces forts serait pourvu de ses canons et de munitions suffisantes pour ne pas être exposé à une surprise.

En temps de guerre, chaque fort pour sa défense exigerait un bataillon au moins. Mais les cinquante bataillons nécessaires à la défense de tous ces forts, seraient pris dans l'armée territoriale, et ne diminueraient en rien l'effectif de l'armée active qui, au contraire, se trouverait mieux protégée et n'en aurait que plus de force et plus de liberté d'action sur le côté droit de la Seine.

Le centre de cette armée active pourrait camper dans le quadrilatère formé par la Marne et le canal de l'Ourcq. Les deux ailes pourraient être disposées suivant les besoins de l'attaque ou de la défense.

Pour nos lignes stratégiques, il faudra 50 forts au moins, et une dépense de 100 millions en plus. Mais alors, la France serait inattaquable. Ce n'est qu'au prix de tous ces sacrifices, que la France peut reconquérir dans le monde le rang qui lui est dû, assurer son honneur et son indépendance, et conjurer les dangers qui pourraient nous menacer dans l'avenir.

VI

Des causes des dangers à venir.

Nous n'avons plus de frontières à l'est de la France. Metz et Strasbourg ne sont plus en notre pouvoir. Quand bien même on ne nous ferait pas une nouvelle frontière de ce côté, Paris seul pourrait nous en tenir lieu. Paris, avec ses immenses ressources et ses nombreuses armées, vaut à lui seul tout un royaume. Mais à la condition d'être mis en état de se défendre par lui-même, et de porter ses armes au besoin, dans toutes les provinces menacées. Armé et préparé, le Français est un lion dans l'offensive ; la guerre défensive l'attriste, et cette guerre en abattant son courage peut devenir par cela même une cause de désastres et de dangers. C'est dans le but de prévenir ce découragement qui est un danger véritable que nous avons établi nos forts et nos lignes stratégiques.

Par malheur, les forces physiques du Parisien, ne répondent pas toujours à son courage et à sa bonne volonté.

A Paris, et dans toutes les grandes villes, la taille et la force de nos conscrits diminuent; notre race latine dégénère, et les enfants de Paris meurent par milliers. Chose singulière ! Partout, on voit s'élever de nombreuses sociétés pour la protection et l'amélioration de la gent animale. Pour l'enfant, pour l'homme...... Rien.

Aussi, la plupart des enfants de Paris qui survivent ne sont à vingt ans que de petits vieillards ou de petits crevés, tout fiers d'être réformés pour cause de débilité sénile. On ne songe pas assez que la constitution physique de l'homme dépend le plus souvent des soins apportés à son enfance, et des milieux plus ou moins salubres dans lesquels il a été élevé. C'est pourquoi, les enfants des travailleurs dans l'intérêt de leur santé, et dans l'intérêt du pays, doivent être placés dans des conditions hygiéniques qui leur permettent de grandir et de se développer à l'aise, sous l'influence bienfaisante de l'air et du soleil.

La faiblesse chez l'enfant le suit et l'accompagne toujours, et la faiblesse de l'homme est une cause de défaillance et de danger pour la patrie. C'est pour remédier à ces inconvénients, que nous avons demandé la formation de quartiers sains et salubres hors du mur d'enceinte inutile pour la défense. C'est le seul moyen de former des enfants robustes et par suite de valeureux soldats. C'est en vain qu'on voudrait faire un soldat d'un conscrit faible et délicat. On ne ferait que des pilliers d'hôpital ou des poitrinaires. Voilà pourquoi l'on voit tant de jeunes gens reformés dans les villes.

Etudions avec calme ce qui existe en Allemagne.

Là, les constitutions sont robustes, l'instruction est répandue, l'état militaire est en honneur, et la population est doublée tous les vingt ans. En France, au contraire, dans le même laps de temps, la population ne s'augmente que d'un cinquième. D'après le dernier recensement, notre population diminue au lieu d'augmenter. N'est-il pas évident que cette infériorité numérique peut, à un certain moment, devenir pour nous une cause de danger.

Ce peuple germanique, plus nombreux que nous, fier de ses récents exploits, avide de gloire, mais plus avide encore de bien-être et de richesses, se trouvant trop à l'étroit dans son pays, est obligé d'envoyer l'excédant de sa population défricher les déserts de l'Amérique.

Ce peuple, dis-je, ne pourrait-il pas un beau jour, et sous le plus léger prétexte, succomber à la tentation de venir s'implanter sur notre riche et fertile territoire.

Nous avons tout à craindre d'un ennemi qui professe, vis-à-vis de l'étranger, la maxime, que la force prime le droit. C'est donc à nous, de nous mettre en mesure de repousser la force par la force, et de suppléer, au nombre de nos soldats, par le nombre de nos forts. Heureux encore, si, à la faiblesse déjà causée par notre infériorité numéri-que, ne vient pas encore s'ajouter cette autre cause de faiblesse qui réside dans nos divisions. Oui, ce sont nos discordes qui sont à la fois, la cause de notre impuissance, et la cause de la force et de la sécurité de notre ennemi. Voici les paroles qui ont été prononcées à la tribune alle-mande : « Nous n'avons rien à craindre de la France, elle n'a pas d'alliés, et les partis qui la divisent ne feront jamais d'alliance entre eux. »

Fasse le Ciel que la fureur et la haine des partis ne dégénèrent pas en guerre civile ; car cette guerre serait horrible. Qui peut assurer que nos ennemis ne saisiraient pas l'occasion d'intervenir, dans nos querelles, et de nous infliger, avec la guerre civile, l'invasion étrangère ? Ils viendraient nous dire, pour prétexte, qu'ils ne font la guerre que pour préserver leur pays et l'Europe entière de l'incendie menaçant que nous aurions allumé chez nous. Qui peut prévoir l'issue d'une guerre ainsi déclarée ?

Espérons qu'à la vue des dangers de la patrie, les hommes honnêtes et dévoués de tous les partis, viendront se ranger, sous le même drapeau, contre l'ennemi commun, et que tous nos forts établis dans le pays, serviront de point d'appui et de ralliement, à tous les braves qui auront à cœur de chasser l'étranger de notre territoire.

Moyens de conjurer ces dangers

La perte des nations a toujours pour cause leur décadence intellectuelle et morale ; c'est-à-dire l'adoption de doctrines dangereuses pour la société et pour le peuple lui-même. Ces doctrines enfantées par l'athéisme ont pour but la dégradation de l'homme et la destruction de la religion, de la morale, de la famille et de la propriété. L'athéisme en déchaînant tous les mauvais instincts, est donc un danger permanent de guerre civile. Comment maîtriser cette mer orageuse qui menace d'engloutir le vaisseau de l'Etat ? Comment neutraliser ces points noirs qui portent dans leur sein la foudre et la tempête ? Par la science et l'éducation.

Navis fluctuat, non mergitur. A la génération nouvelle, c'est-à-dire à la jeunesse et à l'armée, il faut une éducation nouvelle.

Il faut donc un nouveau plan d'études, pour former des corps robustes, des esprits élevés, des âmes vertueuses, de bonnes mères de familles, de bons citoyens et de valeureux soldats. Nous travaillons à ce plan. L'armée, c'est

le sanctuaire où se conserve l'ancienne devise de nos pères :
Dieu, honneur et patrie.

L'armée, c'est l'école des devoirs et des droits et la fraternité. C'est la pratique de la liberté dans l'égalité ; car la liberté, c'est le droit limité par le devoir.

L'armée, c'est la pierre de touche que doit effacer le cuivre et faire briller l'or pur.

A l'armée donc, le privilége de délivrer au bon soldat le titre et les droits de citoyen.

VII

Réorganisation de nos forces de terre et de mer.

Quand nos ancêtres figurèrent Paris, on dirait qu'ils ont eu l'intention de représenter la France elle-même. Ils placèrent, sur le front de leur capitale, une couronne murale, et à ses pieds un vaisseau, comme pour rappeler aux générations, que la France pour briller à travers les nations, doit s'appuyer sur de nombreuses armées de terre et de mer.

Le tableau comparatif suivant indique assez pour nous, la nécessité de réorganiser d'abord nos armées de terre:

En 1870, l'armée allemande comprenait: 1,200,000 hommes, 250,000 chevaux et 340 batteries d'artillerie.

L'armée française ne comptait que 450,000 hommes, 50,000 chevaux et 147 batteries.

Avant dix ans, l'armée française sera aussi nombreuse que l'armée allemande, et nous aurons, en plus, une armée territoriale de force égale. Tout citoyen est soldat. Il reste 5 ans sous les drapeaux et 5 ans dans la réserve. D'après le projet qui doit être soumis aux délibérations de la Chambre, les soldats sous les drapeaux seront répartis en quatre armées. Chaque armée comprendra trois corps d'armée. Chaque corps d'armée comprendra trois divisions d'infanterie, chaque division deux brigades, et chaque brigade denx régiments. *Un bataillon de chasseurs, des corps de cavalerie et d'artillerie seront attachés à chaque division.*

Résumé : 4 armées, 12 corps d'armée, 36 divisions, 72 brigades et 144 régiments d'infanterie. *10 nouveaux régiments restent à créer.*

COMPOSITION DE L'ARMÉE
Etat-major général.

6 maréchaux de France, 100 généraux de division et 200 généraux de brigade.

Corps d'état-major.

40 colonels, 40 lieutenants-colonels, 150 chefs d'escadron et 300 capitaines.

Infanterie, 144 régiments.

135 régiments d'infanterie de ligne, 4 de zouaves, 4 de tirailleurs algériens, 1 régiment étranger, 36 bataillons de chasseurs, trois bataillons d'infanterie légère d'Afrique, 5 compagnies de discipline et un régiment de pompiers pour Paris.

Cavalerie : 75 régiments.

12 régiments de cuirassiers, 30 de dragons, 14 de chasseurs, 10 de hussards, 6 de chasseurs d'Afrique, 3 de

spahis et 9 compagnies de remonte, distribuées en brigades
et divisions attachées à chaque corps d'armée.

Génie : 4 régiments.

Artillerie : 40 régiments à 12 batteries.

Ce qui donne 480 batteries et 288 pièces de canon.

Artilleurs	81,000 h.
2 régiments de pontonniers.	3,000
12 comp. d'ouvriers et personnel des parcs .	14,000
5 compagnies d'artificiers	500
4 régiments du train d'artillerie	4,000
On arrive ainsi à un effectif de plus de . .	102,500 h.

pour l'artillerie.

Déjà en 1871, nous disions dans notre première édition :
« Pour arriver aux mêmes chiffres que l'armée allemande
» pour les armes spéciales (sans trop grever notre budget
» par la création de nouveaux régiments) ne serait-il pas
» utile de renforcer nos 134 régiments d'infanterie, d'un
» escadron de cavalerie, d'une batterie de petits canons et
» de mitrailleuses et de deux compagnies de chasseurs à
» pied? De même, ne serait-il pas utile de renforcer nos 50
» régiments de cavalerie d'une batterie d'artillerie à cheval?»

D'après le projet qui précède on voit que des corps
d'artillerie et de cavalerie seront attachés à chaque division, et on laisse, au général divisionnaire, le soin de
répartir ces différents corps spéciaux, suivant les besoins.
et les circonstances, soit entre les brigades, soit entre les
régiments qui se trouveront ainsi renforcés. Nous n'avions
pas demandé autre chose.

De cette manière, l'unité stratégique du régiment est
conservée et l'unité de commandement reste au général
divisionnaire.

Si nous avons demandé la création de deux nouvelles compagnies de chasseurs d'Afrique recrutées dans chaque régiment, c'est que nous pensons que le bataillon de chasseurs attaché à la division, avec un peu d'artillerie et de cavalerie, doit constituer la petite réserve du général de division. Le bataillon divisionnaire de chasseurs qu'on instruirait au tir du canon, fournirait les remplaçants des canonniers morts ou blessés sur le champ de bataille.

La nécessité de renforcer nos régiments d'infanterie, d'armes spéciales et surtout d'artillerie est donc reconnue. Nous avous eu trop à souffrir de la nombreuse artillerie prussienne pour ne pas multiplier cette arme redoutable partout où elle peut jouer un rôle utile. Ce rôle utile est encore assigné à la cavalerie ajoutée à l'infanterie.

« Un fait certain, disent les hommes spéciaux, c'est
« qu'une troupe d'infanterie ne peut se garder convena-
» blement, ni en route, ni en station, sans le concours per-
» manent de la cavalerie. »

Nos escadrons, mis à la disposition du général de division, auraient pour mission, non-seulement de renforcer nos 4 régiments divisionnaires, ils offriraient encore l'avantage de faciliter le service journalier de sûreté prescrit par le réglement militaire.

« Le premier devoir de l'officier de cavalerie, ayant re
» cueilli des nouvelles sur la position et les projets de
» l'ennemi, est d'en donner connaissance aux postes
» d'infanterie intéressés. » Le premier intéressé à recevoir ces nouvelles, c'est le colonel lui-même. Mille inci-
dents imprévus peuvent nécessiter l'emploi instantané de l'artillerie et de la cavalerie. Sans cavalerie, le chef de corps d'infanterie court le risque d'être surpris; sans artillerie, il ue peut rien tenter de sérieux. C'est au géné-

ral divisionnaire de prévoir tous les incidents qui peuvent survenir et de régler l'emploi de ses escadrons et de ses batteries en conséquence.

VIII

Organisation de la Cavalerie.

Nous croyons qu'une organisation semblable conviendrait à la cavalerie, c'est-à-dire qu'à chaque division seraient attachées quatre batteries à cheval, sous l'autorité immédiate du général de division qui pourrait, ou les grouper autour de lui, ou les répartir par brigades ou par régiments, suivant les circonstances et suivant les besoins du service. Il arrive souvent qu'une charge de cavalerie devient impossible ou sans résultat utile, si elle n'est pas précédée d'une décharge d'artillerie. Nous demandons, de plus, que chaque régiment de cavalerie soit une école où viendront s'instruire beaucoup de jeunes gens déjà habitués à l'équitation. Ces jeunes gens, formés en bataillon, deviendraient d'utiles auxiliaires du régiment lui-même. Ils seraient instruits à combattre à pied et à cheval, ils remplaceraient les morts et les blessés sur le champ de bataille et pourraient recruter le régiment ou le doubler au besoin en temps de guerre. Songeons que nos ennemis comptent dans leur armée 250,000 chevaux, et que, pour atteindre ce chiffre, il est indispensable de former un grand nombre de cavaliers d'avance, si nous voulons nous tenir prêts à toutes les éventualités. Le moyen que nous proposons a du moins l'avantage de ne pas trop grever notre budget. Ce moyen devrait être employé pour l'artillerie et on dit que les chasseurs de Vincennes seront répartis à titre d'auxiliaires dans nos régiments d'artillerie.

IX

Armée spéciale de terre et de mer.

« Napoléon Ier pensait qu'on pouvait équiper un vais-
» seau avec 500 marins et 500 grenadiers. Aujourd'hui, il
» faudrait encore moins de marins, grâce à la vapeur qui
» seule suffit à la manœuvre du vaisseau. Au lieu de gre-
» nadiers, ne pourrait-on pas utiliser le courage et l'agilité
» de nos chasseurs d'Afrique, de notre infanterie et de
» notre artillerie de marine, en partageant le service de
» nos vaisseaux entre ces soldats et nos marins? Si l'ex-
» périence venait justifier nos prévisions, nous aurions
» une armée toute organisée pour le service de terre et
» de mer dont l'effectif pourrait s'élever au chiffre de

» 60,000 hommes, ce qui nous permettrait d'équiper
» 60 vaisseaux de plus. Avec des officiers aussi instruits
» que les nôtres, nous aurions bientôt une nouvelle
» armée de terre et de mer, et nos forces navales se
» trouveraient ainsi doublées. »

Voilà ce que nous avons affirmé, il y a dix ans, et ce
que nous avons publié en 1871.

Nous disions encore :

« Puisqu'il est nécessaire de créer de nouveaux régi-
» ments d'artillerie, ne pourrait-on pas organiser ces
» régiments dans le double but de servir et sur terre et
» sur mer ? Tous nos régiments d'artillerie à pied, habi-
» tués à manœuvrer des pièces de gros calibre, ne pour-
» raient-ils pas être formés pour cette double destina-
» tion ? »

Il nous semble naturel de penser que notre artillerie à
pied pourrait se distinguer sur mer tout aussi bien que
nos marins et notre artillerie de marine se sont distingués
sur terre. La science de l'artillerie doit être la même sur
les deux éléments. Ce que nous demandons nous paraît
donc facile à réaliser. De même, nous n'avons qu'un petit
pas à faire pour transformer en marins notre infanterie de marine, déjà habituée à la mer. Si cette transfor-
mation, pour nos chasseurs d'Afrique en marins, rencontre des difficultés à cause de leur utilité et de leur
double emploi sur terre, nous allons chercher à trancher
la difficulté.

On dirait, que depuis quelque temps, le ministre de la
marine se prépare pour la création d'une grande armée
navale. Déjà, les officiers de la marine ont été prévenus de
se mettre en état de rendre des services sur terre. Les ré-

giments d'infanterie et d'artillerie de marine sont augmentés, des camps de manœuvres sont établis à Cherbourg, à Brest, à Lorient, et à Toulon, pour l'instruction de ces troupes de mer. Reste donc à mettre notre effectif naval en rapport avec le nombre de nos vaisseaux, et avec celui de nos officiers de marine. En 1873, nous aurons 168 bâtiments de guerre dont 26 cuirassés. Nous avons deux amiraux, 12 vice-amiraux, 100 capitaines de vaisseau, 200 capitaines de frégate, 640 lieutenants de vaisseau, 500 enseignes et 140 aspirants. Ce personnel d'officiers pourrait être facilement doublé en temps de guerre en avançant d'un grade chacun d'eux, surtout lorsque la loi permet d'incorporer dans l'armée navale à titre d'enseignes tous les capitaines au long cours. Mais il serait très-difficile de doubler l'effectif des matelots sans recourir à l'inscription maritime qui retient jusqu'à 40 ans même les pères de famille pour le service de nos vaisseaux. Le nombre ce nos matelots ne s'élève aujourd'hui qu'au nombre de 28,431 hommes. C'est cette pénurie de marins, qui faisait dire il y 30 ans, à M. Thiers :

« Une guerre maritime ne pourrait être continnée » longtemps en cas de revers, à cause de la difficulté du » recruter des marins. »

C'est pour rendre ce recrutement facile, et pour tripler le nombre de nos matelots que nous avons conçu, il y a dix ans, l'idée d'une armée spéciale de terre et de mer, formée avec l'infanterie et l'artillerie de marine, avec le concours des chasseurs de Vincennes.

Supposons que nos chasseurs, vu leur utilité ne puissent être séparés de nos armées de terre ; il faudrait bien se résoudre à doubler notre artillerie et notre infanterie de marine.

Jamais plus belle occasion ne s'est présentée pour réaliser ce projet qui est une des grandes conceptions de Napoléon Ier.

Nous avons vu dans le projet de réorganisation de l'armée, que de nouveaux régiments d'artillerie étaient en formation, et qu'on allait créer neuf nouveaux régiments d'infanterie et un régiment de tirailleurs algériens. Qu'on décrète alors que les neuf régiments nouveaux appartiendront à l'infanterie de marine et que les nouveax régiments d'artillerie seront instruits à servir sur terre et sur mer. Dans la guerre continentale, est-ce que les troupes de la marine n'ont pas fait bravement leur devoir? L'incorporation des nouveaux régiments d'infanterie et d'artillerie dans la marine ne diminuerait |donc en rien la force de l'armée de terre, et ces nouvelles troupes pourraient rendre de très-grands services sur mer.

Notre armée de terre et de mer serait recrutée, non plus parmi les jeunes gens ayant les plus mauvais numéros, et qui, le plus souvent, n'out aucun goût pour la mer ; mais bien parmi les volontaires, parmi tous ceux qui annoncent quelques aptitudes pour la mer, et surtout parmi les conscrits qui habitent notre littoral. Ce qui éloigne beaucoup de jeunes gens du service de la mer, c'est l'inscription maritime.

Aujourd'hui que le service devient obligatoire pour tout le monde, jusqu'à quarante ans ; cette loi ne peut plus exciter cette répuguance pour la navigation.. Qu'on fasse de cette armée un corps privilégié, et la noble profession de marin qui convient si bien à notre caractère aventureux et chevaleresque, reviendra en honneur plus que jamais. Tout nous fait donc espérer que bientôt la France sera dotée d'une nouvelle armée de terre et de mer et que son glorieux pavillon sera respecté sur toutes les mers. Ce que nous demandons pour notre pays, c'est une armée navale de 100,000 hommes avec 200 vaisseaux. Qu'on ne vienne plus nous dire quel notre projet est impossible, ou qu'il faut trop de temps et trop d'argent. Le temps, il faut le prendre. La Prusse a mis trente ans à préparer sa revanche d'Yéna. L'argent, il se trouvera facilement. Faites grand et le pays paiera graudement. D'ailleurs nos ennemis augmentent leurs forces sur mer. Augmentons les nôtres. *Souvenons-nous qu'à l'exemple des anciens Romains, nos braves matelots ont su combattre sur terre comme sur mer.*

FIN

Lille. — Imp. Lemaire-Doisy.

ORGANISATION

DE LA NOUVELLE ARMÉE FRANÇAIS

Armée active. — Armée territoriale. — Réserves

APPLICATION DE LA LOI

PAR ALBERT CAISE

Ancien Capitaine

QUATRIÈME ÉDITION

PRIX : 20 CENTIMES

Lille. — Imp. Lemaire-Doisy.